Werner Lutz

Die Mauern sind unterwegs

Gedichte

Ammann Verlag

© 1996 Ammann Verlag & Co., Zürich
Alle Rechte vorbehalten
Satz: Dörlemann Satz, Lemförde
Druck: Studio Europa, Gardolo
ISBN 3-250-10290-3

Eine Nachdenklichkeit
auf japanische Art glänzendschwarz lackiert
daß die verschiedensten Dunkelheiten
sich spiegeln darin

Der Regenguß der Gewitterturm der Nachtsturm
die Unwetterwucht und ich
Herr über ein paar Stubenfliegen
Herr über ein paar Stubenfliegen

Von Rufen eingeholt
benommen von Ferne
nicht Norden nicht Süden
und ohne einen Schimmer Blau

Mit irgend etwas die Erde lockern
über irgend etwas die Hände halten

Die Formen zerschlagen
das Licht brechen
die Fehler neu erfinden

Die verdorbenen Nachmittage
man kann sie riechen

Das Unnütze das Absichtslose das Gedicht
mit Spott überschütten
mit Gelächter übergießen

Schon vergessen was ich wollte
Kälte kriecht in meine Manteltaschen

Menschenzeug
die Harmonie zu suchen im Herbstwald
oder anderswo
in einem Rosa oder Grau

Zusehen wie einer glücklich wird
zusehen wie einer in die Grube fällt
darüber lachen um sich zu beleben

Hirngespinste zartgeflügelte Lügen
die Fenster sind weit geöffnet
ein Dachgiebel schreit

Auch die Leere wartet auf Post

Sich am Wind festhalten
an einer Brise einem Luftzug
am eigenen Atem

Ein Gelb neigt sich ins Fenster
pflanzenhaft gefiedert
eine Lichtraupe kriecht auf mich zu

Beinahe
auf Unbeschriebenes getreten

Es haust sich einsam
in einem ärmlichen Geruch

Kleine Gedanken kräuseln die Oberfläche
ein kleines Lachen setzt Segel
weiter oben beginnt ein Tag

Ein Gedicht anfangen das nie fertig wird
so hätte ich leben wollen

Seltsam
was alles zu wachsen beginnt
wenn man daran glaubt
sonderbar
was alles verdorrt wenn man es wünscht

Nicht verlieren
wird sich der leichte Modergeruch
über den Gefühlen

Besucht von Astern besucht vom Oktober
befreundet mit Rauch
nur kurze Wege sind zu gehen
in die Versteinerung

Soll die Traurigkeit sich selber trösten

Die Gegend die ich liebte liegt im Dunst
längst schon bewohnen andere Leute
meine Vergangenheit

Umsonst
auch das Nachdenken darüber

Kopfüber in die Tiefe wachsen

Schreiben mit verblassendem Licht
schreiben mit der zunehmenden Dämmerung
schreiben um sich daran zu gewöhnen
daß der Mensch verwest

Eine Zeile hoch hinauf
an den Blattrand steigen lassen

Vielleicht
gibt es zwischen dir und dem Ende
einen Garten oder gar einen Freund

Die Steine öffnen
nachsehen

Gespräche über Koordinaten
über Horizonte und Gestirne
über Buchten
die sich schlafeinwärts wölben

Ich will einen Geruch anschneiden
und dann die Umgebung wechseln

Dort ein Land und hier ein anderes
eine späte Welle überspült den Nachmittag

Beginnen
als steige der erste Tag der Schöpfung
aus dem Wasser
beginnen
als habe noch nie jemand ein Wort gesagt

Augen
unbewohnte Augen

Was kann ich Besseres tun
es ist wie Wandern es ist wie Schlendern
durch eine gräserstille Einfachheit

Nicht ohne Halbtöne
an die Glanzlichter anstoßen

Eine Linie die in der Ferne nistet

Wirklichkeit
aus ihrer Umgebung herausgehoben
und senkrecht gestellt

Alte Weisheit wird wach
nickt wieder ein

Fröhlich geworden
sehe ich ein freies Feld vor mir
Wiesenschaumkraut schäumt
Menschenähnliches spaziert

Angekommen
ein Wetterhahnwind aus dem letzten Jahrhundert

Nahfern schwerschwebend

Die verhaltenen Melodien
aus gemahlenen Erden
Terra d'Umbria Terra di Siena
die Lehmfarben Schlammfarben Ackerfarben
ich möchte mich wälzen darin

Die nie entrollten Fahnen

Eine Tischbreite breit eine Tischlänge lang
die Hoffnung ist ein Rechteck
auf das man die Arme aufstützen kann

Mich durstig geträumt
und einer Wüste begegnet

Vielleicht sind
Gott und Götter auch nur Treibgut
und treiben vor uns her

Später
wenn das Verlorene kein Verlust mehr ist
wenn das Verlorene wertlos geworden ist
wenn das Verlorene gar nicht mehr verloren ist
später

Seele
es muß das Viehzeug sein
das in mir weidet

Ein kühler Luftzug bewegt diese Zeilen
ich schäme mich nicht

Waagrecht senkrecht schräg
fällt heute der Regen
Zeit dazwischenzufahren
mit einem roten Pinselstrich

Die Jahre
haben mit dem Meer zu tun mit Gewässern
oder auch nur mit Tropfen

Vergraben
was nicht verlorengehen soll

Dorthin
denke ich die Sonne dorthin das Mittelmeer
dorthin Granit und dorthin ewiges Eis
Nebel der mir nachschleicht
macht das Umsonstgewesen leicht

Ob es sich lohnt
das längst Gemähte nochmals zu mähen
zu wenden zu trocknen
und die lästigen Mücken von damals
wieder und wieder zu erschlagen

Wozu auf Bäume klettern
wenn man die Wolken anspucken will

Sturzflügeln

Eine Pirouette drehen
ins Glas gucken sich sausen lassen
den einen trifft das Glück
den anderen das Warten darauf

Auf einer Halmspitze sitzen
am frühen Morgen

Als Mann mannshoch blühen

Ein Augenzwinkern eine Verschmitztheit
hinübergeblinzelt zu meinem Gußrohling
der unverrückbar dasteht mitten in mir

Das namenlose Glück
der Namenlosen tragen
sorglos leben
auf der schwarzen Liste

Wortspiralen
träumen von grünen Füßen

Eine Rotweinliebe
eine Zärtlichkeitsliebe
zu der Unmöglichkeit

Die eigene Schöpfung
eine flirrenddürre Wüste
um mich zu verirren darin

In Ruhe abwarten
bis mir einfällt
wie ich mich auflösen kann

Lautlosigkeiten
aus feingemahlener Zeit

Eine Linie
geht aufrecht und heiter weiter
auch der Nußbaum auf der Anhöhe
bleibt nicht stehen

Bauchige Krüge Kreidestriche Kelchblüten
Salbe darin

Noch weit von den dunkleren Tagen entfernt
noch Arm in Arm mit allerlei Sorglosigkeiten
mit dem Augenblick noch immer im Gespräch

Macht nichts
auch ein Lachen kann zerbrechen

Die tappigen Schritte Poesie
die Stürze das Selbstmitleid

Die Tischplatte nähert sich meinem Gesicht
fällt wieder zurück in die alte Lage
ohne einen Kuß

Lange her ich weiß nicht mehr
war es vorher war es nachher

Farn verschüttet seinen herben Geruch
die Ferne verdampft
Kupfertöne Eisentöne Bronzetöne
die Hügel oxydieren
Schritte aus Grünspan gehen den Abend entlang

Schiffe die lichtaufwärts stampfen

Genug sage ich
und habe nichts in der Hand
als abnehmende Helligkeit

Nur Dürftiges bei solchem Wetter
Gleisanschlüsse Schmierölpfützen Rattenwege
Unkraut die anderen ohne Zweifel Unkraut

Unter den Füßen die Tiefe
über dem Kopf die Höhe
und jede Nähe weitentfernt

Ich treffe mich mit Krähengedanken
mit der Geschichte vom erfrorenen Mann
Weidmannsheil und Weidmannsdank

Es geht nicht darum recht zu haben
es geht um die Wunde
durch die der Tod uns betreten wird

Wie schnell
sich eine Unordnung zurechtrückt
zu einer noch zerbrechlicheren Ordnung
wie schnell Gefühle verdorren
und sich entlauben

Einer lacht gegen die Dunkelheit an
einer kaut Knoblauch um ewig zu leben
einer bittet den Tod zu sich
unter den Regenschirm

Der Schluckhals die Leidensbrust

Die Niederlagen zwischen den Fingern zerreiben
damit sie stärker duften

Heute das Fell nach innen tragen

Eine gewalttätige Nacht
die sich die Zeit vertreibt
mit hilflosen Schläfern

Die Seelendickichte in uns
ganz ohne Spatzen

Die Geräusche verdichten sich zu einer Form
die ich berühren kann

Schräg eingerammte Pfähle
geschälte zugespitzte Tage
mit einem leichten Harzgeruch

Murmeltierarbeit leisten
mit scharfen Schneidezähnen
und etlichen Warnpfiffen

Werner heißt er
ich übe mit ihm das Gehen

Bei den Grautönen verweilen
aber nicht länger als nötig

Noch ist es zu früh etwas zu wagen
meint der Alte in mir

Wie gerne würde ich geniale Züge an mir finden
eine Runzel mit seltener Vegetation
einen Steinbruch eine Kiesgrube
etwas Gewaltsames in meiner Landschaft

Gott Zufall überlegt
ob er mich kennt

Den Staub der eigenen Wünsche einatmen

Keine Inschriften keine Ornamente
nur Hügel Erdhügel Steinhügel
und kaum Wasser

Woher die Leere
so spinettartig so glasharfenähnlich
so ohne Finger gespielt

Gedichtzeilen ans Spalier gebunden
sonst weiter nichts getan

Bald kommt das Gottlob und der Kaffee
und ein butterbestrichenes Vergessen

Geduld haben mit den ungeduldigen Händen

Eine Nachdenklichkeit
auf japanische Art glänzendschwarz lackiert
daß die verschiedensten Dunkelheiten
sich spiegeln darin

Ein trüber Tag eine Hungerpflanze
die lange Wurzeln treibt

Niemand wird zusehen
wenn du ausholst
und ins Zwielicht greifst

Gegenden mit dornigen Armen

Nicht vergessen
Wunden soll man pfeffern soll man salzen

Namen
eine feine Ascheschicht auf ihrer Glut
Namen
die beißen mit Rattenzähnen zu

Halt rufen die Fingerspitzen
laß die Hände davon

Verliebt in schlaflose Nächte
in die Unruhe in das schwankende Gleichgewicht
in die Linie die sich krümmt

Gesehen
Steine die um Steine weinen

Über die Luftlinien nachdenken
und die Schuhe fragen
wie es weitergehen soll

Schneckenspur bleibt Schneckenspur
auch wenn sie glänzt

Fischen wir das Trübe aus den Tagen
wischen wir die Aussicht von den Fensterscheiben
fegen wir die Schritte in den Rinnstein
kämmen wir die Vögel aus den Zweigen
legen wir die Hände fort vergessen wir zu atmen
vergessen wir

Zuerst das Gegenteil tun
sterben erst später

Eine Dachtraufe röhrt spuckt geifert
und erinnert mich lebhaft an meine Freunde

Manchmal kaue ich mich selber
schiebe mich zwischen die eigenen Zähne
die zäheren Brocken hebe ich für später auf

Flugsamen verschiedenster Bosheit

Oft regnet es
nur in traurigen Köpfen
nicht jedesmal
werden die Katzen naß

Ich baue mich auf wie eine Kirche
und singe mir Psalmen darin vor

Flaschengrünglänzend und entkorkt
steht die freie Stunde vor mir auf dem Tisch

Immer wieder Höhlen graben
immer wieder Grottenbewohner werden
immer wieder Lurch

An einem Blaudunkel Gründunkel Abenddunkel
ohne Tau vertäut

Gedichte wie Rauch sich abhebt
um jemand zu grüßen oder auch nicht

Ohnezeit Ohnelicht Ohnegedanken
das Äußere hört mit dem Inneren auf

Die gefrorenen hellen Nächte
in denen dünnes Glas zerspringt

Die Zeit hat jenen schweren Schritt
aus dem wir Glocken gießen

Kann sein
die Hölle ist ein riesiges Feuer
dort hängen die nichtgelebten Möglichkeiten
im Rauch

Gehen bevor die Fragen
Füße bekommen
und mir nachlaufen bis ans Ende der Welt

Möglich daß diese Zeilen rosten
bevor sie jemand liest

Unermüdlich gegraben
und nur Dunkelheit ans Licht gebracht

Stille kann man auch trinken
und süchtig werden davon

Es kratzt sucht drängt unter der Haut
gibt keine Ruhe und doch wäre die Ruhe
auch ein Ziel

Schlamm Dreck Leben
alles wirft sich plötzlich auf mich

Um wieder Luft zu bekommen
schreibe ich spät im November
ein Sommergedicht
offen und mit freier Sicht

Unverdrossen irren herrlich fluchen
in allen Farben fluchen

In jemand anderem erwachen
und dort die Hoffnung losbinden

Ein Blau mischen das kopfhoch ruft

Linien ziehen
warten bis sie zu atmen anfangen
sich bewegen
und eintauchen ins Gedränge
das sie umgibt

Tiefe Atemzüge pflügen die Äcker

Eine Wegvernarrtheit eine Schuhsohlenseligkeit
Flügelschritte
dem Tag um Tage voraus

Lang geschlafen
erst aufgewacht im Herbst

Die Gegenwart betreten
als gehöre sie mir

Verrücktgeworden die Septemberluft
aus dem Burgund
beladen mit köstlichen Gerüchen süßen Lügen
daß ich mir sage
Menschenskind
laß dich verführen von ihr

Nach all den Jahren
endlich Bienen im Haar

Einen fröhlichen Schnörkel gezogen
und unter ein Urteil
eine federleichte Unterschrift gesetzt

Der brennende Dornbusch
jemand legt die Hand ins Feuer
aber nicht für mich

Eine Herbstliebe
soll nach abgeräumten Gärten riechen

Nicht mehr antworten
regnen lassen

Zu den gewohnten Stunden
die gewohnten Gefühle die gewohnte Müdigkeit
mit den Stacheln daran

Mein Tisch ragt in die Nacht hinaus

Nichts als Spinnen nichts als Netze
nichts als gefangene zappelnde Zeit

Mit Vergangenem beschriftet
bis unter das Haar

In einer Neumondlust hausen
im finsteren anrüchigen Viertel

Unaufhörlich Minuten
durch unaufhörliche Stunden tragen

Leichter Nebel liegt in den Schränken
und in den Schubladen aufgeschichtet
liegt der Geruch von altem Laub

Nackt treibt die Nacht
zwischen den Ufern
und mischt in fremde Träume
sorgfältig das eigene Schwarz

Plötzlich verzweigt
sich der Weg und jeder kann gehen
wohin er will

Auch der Wind hat Ufer

Eigenartig
daß sanfte Worte südwärts ziehen
und was geflucht
macht sich nach Norden auf

Hügelasche Rauchsäulentage Grenzsteinlicht
das wunderliche Fernweh
das Winken mit beiden Händen

Ein kühler Abschied
daß mich die Lust ankommt
den Erlen durchs Laub zu fahren
mit den Fingern

Beinahe alles ist besser
als Staub und Einsamkeit

Die Felder schwirren auf
der Himmel sinkt mit seinem ganzen Gewicht
in die Ackererde ein

Auf den nichtgewagten Schritten
setzen sich Pilze fest

Die Hügel neugehügelt

Ein Lüftchen mit französischen Manieren
mit Wirbeln Tanzschritten Clairontrillern
verdoppelt mein Vergnügen dabeizusein

Ein Kastaniengreis rosaüberblüht

Ein paar Dreivierteltakte Zukunft
vor sich hinsummen
und dann wieder der Spottdrossel zuhören
die im Kleinhirn singt

März in den Weinbergen fette Sonnenflecken
an denen die ersten Fliegen nippen
sonst noch keine Säfte keine Essenzen
keine falsche Heiterkeit

Eine Art Duft auf Papier kritzeln
der sich gleich wieder verflüchtigt

Helles Grün dunkleres Grün die jungen Jahre
aber aufgepaßt
leicht nickt man über alten Bildern ein

Schattenlang sinnieren

Flammen in Tontöpfen ziehen
sie aufbinden
und ihre wilden Triebe herausbrechen

Ein verkümmerter Zweig
wird schließlich zum Dorn

Immer wieder in Gewitter kommen
aus lauter Lebenslust

Besonnen sein
den wilden Tieren zureden
vor allem den Spatzen

Immer wieder eine Linie ziehen
um darauf zu tanzen

Gedanken schmieden aus rostfreiem Stahl
Minister ernennen unter den Runkelrüben
über das eigene Ende stolpern
aber mit einer gewissen Leichtigkeit

Stillstehen den Hut ziehen
und nach mir fragen
nicht nur auf deutsch

Wege zusammenrollen für einen Mittagsschlaf

Das Wetter hüstelt der Tag geht am Stock
die Vergangenheit wächst lichtlos weiter

Täuschung an Täuschung eine lange Pappelallee
vor allem die Füße hören nie zu

Eine Frostnelke
auch der Rauch gefriert

Stimmen
die übereinander wohnen untereinander
nebeneinander
die sich einschließen sich verkriechen
Stimmen ohne Gesichter ohne Hände
harte durstig gequälte Stimmen

Unlust Pilze faulendes Laub
nutzlose Fruchtbarkeit

Langsam werden langsam sein
ohne Hast trinken ohne Hast denken
den vielen Wegen aus den Wegen gehen
das Brot schneiden den Weizen blühen lassen
wo der Weizen blühen will

Gerade noch genügend Licht
für ein Selbstgespräch

Mückenverbrenner
Ameisenzerquetscher Wespenerschlager
ein Lachen
sitzt tief in der Kehle und kratzt

Die Mauern sind unterwegs
sie richten sich anderswo wieder auf

Ohne Beschwerden ohne Atemnot
schläft heute der Wunsch nach nichts
im Grau

Kaninchenträume
aufgehängt an den Hinterläufen
das Fell über die Ohren gezogen
während das Herz noch pocht

Abgerissen abgebrannt
der heimgekehrte Auswanderer in mir

Die Nieundniemalszeit

Ein Kinderknochengebetchen
das in alten Männerknochen betet
und die gichtigen Finger
zu Fragezeichen krümmt

Lebendig begraben schon seit der Geburt
es bleibt aber nachzutragen
daß keine Dunkelheit vollkommen ist

Straßenfeger nicht himmlischer Derwisch

Ein Weg der Tritt faßt
vorangeht überholt und zurückläßt
der einzig richtige Weg

Segeltuchworte
Fahrkarten lösen schon im Morgengrauen

Eigenartig die Bäume
sie entwickeln Gemeinschaftssinn
rücken zusammen
schieben ihre Kronen ihre Wurzeln ineinander
und fallen sich in die Arme
wenn es Zeit ist

Etwas Gefiedertes brütet in mir
seit Tagen diene ich als Nest

Ausholen und verscheuchen
was soll ich mit diesem Überfluß

Zur Erholung
die verschneite Landschaft hereinholen
und ausbreiten auf dem Tisch

Dichter aus Mansarden pflücken

Ein Wolf gibt Laut
ein Wassertropfen explodiert
eine Melodie zweistimmig
legt Schlingen in das Grau

Das Fieber sinkt
die Gegensätze hören auf zu brennen
wieder vernehmbar sind die Pinselstriche

Zeiten
da steigt gegen Abend
ein luftigblaues Kleid
aus dem Schrank

Der Geruch von Minze
weiter südlich der Geruch von Rosmarin

Alt ist heute der Sündenfall
eine grüne Klage regt sich in den Gärten
Liebe und Überdruß umarmen sich
nach einer fremden Stimme schmecken die Lippen

Erdbetten Katzennester Schlafmulden
in die Dunkelheit gewühlt

Was für ein Glück zu glauben
daß eine einzige Grille die Nacht besiegt

Die Einzelteile passen zusammen
die Stunden greifen ineinander
die schwüle Luft die schwülen Worte
ein einziges Räderwerk

Die nackte Haut
immer liegt etwas wie Trauer auf ihr

Im Frühling eine Erbse lieben
und ihren eingerollten Schlaf

Nein das Unsichtbare muß nicht
sichtbar werden
aber das Kleine deutlicher
ich zähle dazu auch die Blattlaus
und ihre blattlauskleine Unersättlichkeit

Atemhöhlen zartwandig allseitig belichtet

Von den vielen Nebensächlichkeiten
eine auswählen
und zur Hauptsache machen

Die spitzen Aufschreie des Lichts
das Hüsteln der Schatten
mitten in mir ein Zweig
der ins Wasser greift

Eine Strauchhand

Diese Leiber aus Gefühlen
diese Erdgestalten
diese durchsonnten Dunkelheiten

Ein Wald zum Beispiel
hat vollkommen still zu sein

Ein paar Gedanken gegen mich geworfen
hauseigene Steine ohne zu treffen damit

Ein Raubkatzentag
selbst in den Blicken der Mauern
lauert es gelb

Ohne Rezepte erhältlich
Brechnußworte Worte beträufelt
mit grünem Nachtschattensaft

In Weißblech eingelötet
in Erbsen ersaufend Karotten im Maul
ich muß heraus aus meiner Büchse

Wie ich mich fürchte vor den glatten Oberflächen
den polierten Steinen den Augen
Triumphe spiegelnd in jedem Blick

Narben als Ausgangspunkt Baugruben als Anfang

Der Teufel ist ein Schwätzer
verstopft mir die Ohren
mit Lügen vom ewigen Leben
als hätte ich vom Leben
nicht mehr als genug

Den Weg vor die Füße werfen
den Holzweg

Die Sternbilder das Unerreichbare die Rätsel
erwachsen geworden die Liebe
häuslich ihr Milchglasherz

Ein Gärtchen anlegen mit Bürgerblumen bepflanzen
stinkender Hoffart neidischen Nelken
und der Trauerweide beibringen zu nicken

Abendlobwein

Die Wünsche markieren
damit sie endlich zu unterscheiden sind

Durch das offene Fenster
streicht die Luft einer südlichen Nacht
unter der Daunendecke
fangen die Mandelbäume an zu blühen

Und das Paradies
riecht es wohl nach stillgelegtem Bahnhof
nach Rost und Schotter und leise nach Lysol

Ständig unterwegs zwischen ja und nein
zum Liebhaber geworden von vielleicht

Spät
nichts kommt mehr zusammen
nur noch mein Abbild
das in alle Richtungen geht

Mit schweren Stiefeln
durch eine Heiterkeit gestapft

Johanniskraut
in Doldentrauben gelbblühendes Liebeskraut
überall zu finden auf sonnigen trockenen Böden
soll auch gut gegen das Fieber der Schweine sein

Die Uhren erschlagen

Besser keiner kennt dich
als daß viele dich vergessen

Seltsam verlegen und windschief
wartet ein Wacholderbaum in meinem Gedächtnis

Bordlichter Lockvögel
immer dieses Weiterwollen
tiefer in die Dämmerung hinein

Selbstverständlich habe ich meine eigenen Mücken
meine eigenen Spinnen gezüchtet
oft aber drehe ich meine Fäden selber
und wickle mich ein damit

Noch ist nichts geschehen
nur Zweifel kriechen durch meine Finger

Guten Abend Regen guten Abend Sohlenleder
guten Abend Lumpenzeug
die Dunkelheit braucht keine Türen
um einzutreten

Schon als Kind gemerkt daß die Wolken oben sind
daß das Gewissen plagen kann
daß die Bosheit Beine hat und eine menschliche Stimme

Rumpfbeugen tief kniebeugen tief
und dann noch etwas Gedankenball

Die Ungeduld
von innen sticht sie auf mich ein

Bleistiftstaub Strichzerfall
Schiefer Schwere Kalk

Die Ohnmachtszeiten die Reglosigkeiten
die sich hinauswagen
bis ins letzte graue Haar

Ein Kleinflatterer seit jeher

Einer zieht Funken aus der Tasche
einer bläst sich selber aus

Vergeßlichkeiten
schon wieder Frost über Kopf Herz und Hand

Nicht gefaulenzt gebummelt nicht gefeiert
niemandem einen Tag gestohlen
ich gehe aufrecht ins Ungewisse
nehme mit was mir gehört

Mit breitem Pinsel ein Schwarz anlegen
ein Schwarz das kein Erbarmen kennt

Durch die Enttäuschung von gestern schlendern
und durch jene von morgen gleich noch dazu

Woher die Ohren nehmen
um mir zuzuhören

Unleserliche Zeilen
kalkhell in den Nebel geschritten

Die einfache Konstruktion des Winterhimmels
ohne eine Spur von Göttlichkeit
nur Grau
das sich zu einer Kuppel wölbt

Hoffen
weit über die ausgestreckte Hand hinaus

Leichte Stoffe tragen
Sommergewebe in denen Zikaden lärmen

Jawohl ein Baumbruder
mit allem was dazugehört
Rindenhaut Borkennarben
mit Säften die nicht nur flüstern
hinter der laubigen Hand

Eigentlich mögen sich die Farben nicht
sie sind ganz Farbe und was daneben leuchtet
interessiert sie nicht

Windböen der Vergeblichkeit

Und wir selber
Zufall Überfluß Verschwendung
und summende taumelnde Traurigkeit

Diese Verrücktheiten
diese Lasten auf den fünf Fingern
mit denen ich das Glas hebe
und trinke

Gehen
bevor der Abend die Sümpfe erreicht
und unbegehbar wird

Nur die Fingerspitzen
sonst keine Aussicht

Regenschleier wehen von den Dächern
glanzlose Sätze

Vorsicht
auch frischer Brotgeruch am Morgen
kann eine Falle sein

Zugleich
nach Frühling und Versagen riechen

Unerschütterlich jung bleiben
sich lebhaft erinnern an die Muskeln
an die Verstecke in den Körpern
sich schwindelfrei erinnern
an den Augenblick

Schachtelhalme
mit Tanzlust in den Wurzeln

Noch etwas Helligkeit
und das tote Holz beginnt zu blühen

In Worten wühlen nach Wildnis riechen
kopfstehen
die letzte Stunde kommen sehen
schreiben an der Partitur für ein Gewitter
die Zeit flattern hören in den Hühnerhöfen

Werner Lutz

Flußtage
Gedichte
72 Seiten. Gebunden

»Gedicht um Gedicht – in ganzer Länge – müßte man zitieren, um zu beweisen, welche Schönheit und Luzidität die neuen Gedichte von Werner Lutz im Band Flußtage erzielen.«

Hans Bender, Süddeutsche Zeitung

»Werner Lutz versteht es, Inhalte zu transportieren, die trotz ihrer Schwerkraft leicht bleiben und so einfach zu begreifen sind wie das Öffnen und Schließen der Hände.«

*Charitas Jenny-Ebeling,
Neue Zürcher Zeitung*

Ammann Verlag